AF206912

Volker Hennings

Es ist doch nur ein Job

Für meine Begleiterin, die auch Karate kann

FSC
www.fsc.org

MIX

Papier aus ver-
antwortungsvollen
Quellen
Paper from
responsible sources

FSC® C105338

Volker Hennings

Es ist doch nur ein Job

Stories und Methoden, wie es
weitergeht, wenn es schiefging

Dies geht an alle, die auf Jobsuche
sind und an alle, die sich erfolgreich
verändern wollen

Bibliografische Information der Deutschen Nationalbibliothek:
Die Deutsche Nationalbibliothek verzeichnet diese Publikation in der Deutschen Nationalbibliografie;
detaillierte bibliografische Daten sind im Internet über http://dnb.dnb.de abrufbar.
© 2017 Volker Hennings
weitere Mitwirkende: Bianca Simat
Herstellung und Verlag: BoD – Books on Demand, Norderstedt
ISBN: 9783746015286

Inhaltsverzeichnis

PROLOG

Die Betriebsversammlung war zu Ende, der Sozialplan stand fest, Auffanggesellschaft, 40 % der Belegschaft werden bis zum Jahresende gehen müssen.

Nun saßen sie in ihrem Großraumbüro, zu sechst, man hatte ihnen gesagt, sie sollten an ihrem Arbeitsplatz warten, diejenigen, die es betrifft, werden angerufen.

Da klingelte das erste Telefon.

Der Kollege kam nach 15 Minuten kreidebleich zurück. Er hatte nicht damit gerechnet.

Das zweite Telefon klingelte.

Am Ende des Tages hatten drei Telefone nicht geklingelt. „Warum ich…. warum nicht er?" dachte Deutschmann. „Das ist ungerecht. Der ist erst 1 Jahr hier, ich schon 10. Wie sage ich das zu Hause…. meine Fraul Und dann in meinem Alter. Ich bin doch schon 50!"

Er zitterte am ganzen Leib.

Der Trost der Kollegen kam ihm unehrlich und falsch vor.

Seine Schultern hingen herunter, die Mundwinkel ebenfalls.

Ein geknickter Mann.

MENTALES MASSAKER

Deutschmann fühlte sich schlecht. Sehr schlecht. Die Biere am Abend in der Kneipe und die Flasche Wein danach mit seiner Frau brachten Trost, der am Morgen von einem knallharten Kater rücksichtslos zertrampelt wurde.

Ein kläglicher Mann saß da am Frühstückstisch, der seine Wehleidigkeiten mit einem starken Kaffee befeuerte.

Mentale Techniken?

Du kennst keine mentalen Techniken... dann lass es erst mal zu, dass es Dir schlecht geht. Du bist wütend. Okay. Dann wenigstens ein Spaziergang. Los, raus an die frische Luft. Mit einem zügigen Walk durch die Landschaft versuchen, einen freien Geist zu bekommen. Lass Dir den Wind um die Ohren blasen.

Und danach, herausfinden, was auf dem Markt los ist. Dass die Kollegen sagen, es sieht nicht gut aus, da sind keine Stellen, ist lediglich eine Aussage von Leuten, die selber keine Fakten kennen und das halbe Glas ganz bestimmt als leer ansehen statt als halb voll. Wenn Du Google fragst, was es für Job-Angebote in Deinem Bereich gibt und Du siehst die Vorschläge, geht es Dir erst einmal viel besser. Träum ein wenig und fang nicht an zu kritteln, auch wenn die Stelle in New York eher nicht in Frage kommt. Du hast es Dir verdient.

Es geht darum, dass Du Dir einen Überblick Deines gesamten beruflichen Umfeldes machst. Die Trends entdecken, die Einfluss auf Deinen Beruf und Deine Branche haben.

Erkenntnisse

- Setze Deine mentalen Techniken ein... ok, Du kennst keine, dann raus an die frische Luft, lauf los.
- Google Dich schlau: Was gibt es für Angebote?
- Fasse die gegenwärtige Situation Deines beruflichen Umfeldes und Deiner Branche zusammen, einschließlich der wichtigen Trends, die Zukunft und Karriereziel beeinflussen.
- Am besten schriftlich. Als Bericht an Dich selbst:

1. Was sind die gegenwärtigen Haupttrends, die meine Branche beeinflussen?
2. Welche könnten die künftigen Trends sein?
3. Was sind die gegenwärtigen Haupttrends, die meinen Tätigkeitsbereich beeinflussen? Wie hat sich dieser verändert? Wie könnte er sich in der Zukunft verändern?
4. Wie beeinflussen diese Veränderungen die Fähigkeiten, die für den jetzigen und zukünftigen Erfolg notwendig sind?
5. Was sind die heißen Themen in meinem Interessenfeld, die ich kennen muss, um wettbewerbsfähig zu bleiben?
6. Welche neue Karrieremöglichkeiten ergeben sich aufgrund der Veränderungen in meinem Tätigkeitsfeld und den Branchen?
7. Welche Entwicklungen interessieren mich am meisten?

- In Deinem Bericht an Dich selbst stellst du die wichtigsten Trends, Anforderungen und Chancen heraus und bist in der Lage, die gegenwärtige Situation Deines beruflichen Umfeldes und Deiner Branche zusammenzufassen.

DIE WILDHEIT DER SITUATION

Deutschmann ging ins Internet, suchte und suchte. Okay, das könnte passen, aber doch nicht wirklich, weil es war zu weit weg. Und hier waren die Anforderungen zu hoch, da zu niedrig. Frust erfasste ihn, er schlug wütend mit der Faust auf den Tisch. Also doch, alles ging zu Ende, er hatte es geahnt! Natürlich gab es keine Jobs.

Er kam nicht weiter.

Und wenn alles nur ein Irrtum ist... wenn sie ihn doch wieder.... zurückholen? Er hatte doch alles richtig gemacht. Okay, da war dieser eine Fehler, am Anfang des Jahres, als er die Liefertermine falsch beurteilt hatte, das könnte natürlich der Grund sein. Deutschmann grübelte und grübelte.

Erkenntnisse

- Die Wildheit der Situation steuert nun Deine Gedanken und Aktionen. Du fällst in hektisches, teils unkoordiniertes Arbeiten. Etwas Tun um des Tuns willens.
- Lass Dich davon nicht berauschen, beruhige Deine Gedanken.
- Was benötigt wird, ist ein Handeln, das die Situation klar erkennt ohne sich von ihr beherrschen zu lassen.
- Diese neue Chance braucht ein wenig Zeit.
- Schaue in Ruhe auf den nächsten Schritt, WAS WILLST DU EIGENTLICH. Und handele dann, entsprechend.

WAS WILLST DU EIGENTLICH?

Du hast Dich schlau gemacht, was grundsätzlich im Markt los ist und kennst vielleicht schon einige der Anbieter.

Nun musst Du Dich stellen. Was passt zu Dir, was passt nicht? Was kannst Du, was willst Du?

Und… ganz wichtig: Was kannst Du NICHT, was willst Du NICHT?

Du solltest Dich austauschen, siehe auch nächster Schritt NETZWERK. Professionelle Hilfe kann Dich auch weiterbringen.

Du hast jetzt eine Chance bekommen, etwas zu ändern in Deinem Leben. Das kommt so häufig nicht vor.

Trage alle Fakten zusammen. Tatsächlich helfen dir nur FAKTEN, FAKTEN, FAKTEN*. Bitte unterschätze das nicht. Nur Fakten knallen Deine Emotionen weg.

Wir neigen dazu, uns die Zukunft so ähnlich wie die Gegenwart vorzustellen. Das Ergebnis ist, das alles was kommen könnte, so aussieht, wie es heute bereits ist.

Das ist ziemlich falsch.

Wenn es Dir gelingt, Ruhe zu bekommen und sachlich zu werden, wirst Du aufwachen und wissen, was zu tun ist.

Und Du reitest mit einem Lächeln im Gesicht dem Sonnenaufgang entgegen.

*Fakten 1 (Mai 2017):
Zahl der offenen Stellen in Deutschland so hoch wie nie zuvor

In Deutschland gibt es einer Umfrage zufolge so viele offene
Stellen wie noch nie. Im ersten Quartal waren es bundesweit 1,064
Millionen, wie das Institut für Arbeitsmarkt- und Berufsforschung (IAB) der Bundesagentur für Arbeit am Dienstag mitteilte.

Quelle: Spiegel Online / 09.05.2017

*Fakten 2 (Mai 2017):
Der demographische Wandel in Deutschland

Die Alterspyramide in Deutschland hat sich in den letzten 20 Jahren geändert und wird sich in den nächsten 20 Jahren weiter deutlich verändern: Der Anteil der Bevölkerung im erwerbsfähigen Alter (15 bis 66 Jahre) wird zurückgehen. Gleichzeitig wird der Anteil älterer Erwerbsfähiger erheblich steigen.

Der demographische Wandel wirkt sich auf Betriebe in zweierlei Hinsicht aus: Zum einen müssen die Betriebe sich mit ihrer Produktpalette auf eine zunehmend älter werdende Kundschaft einstellen.

Zum anderen führt der demographische Wandel in den nächsten Jahren und Jahrzehnten zu einer deutlichen Alterung des Erwerbspersonen-Potentials: Es wird nicht nur ein viel größerer Anteil der heute 55- bis 64-jährigen im Arbeitsleben verbleiben, sondern es wird auch ein größerer Anteil derjenigen, die heute in den Vierzigern und Fünfzigern stehen, länger arbeiten wollen und müssen.

Quelle: Bundesministerium für Arbeit und Soziales

*Fakten 3 (Okt. 2017):
Jobboom: Der deutsche Arbeitsmarkt ist leergefegt

Die Erwerbslosenquote liegt nahe null, der Arbeitsmarkt für Akademiker und Facharbeiter ist leergefegt. Auch Geringqualifizierte finden vielfach neue Jobs. Ob Akademiker, Handwerker oder Hilfsarbeiter – vom anhaltenden Beschäftigungsboom in Deutschland profitieren alle Berufsgruppen. Nicht nur für Hochqualifizierte ist das Risiko der Arbeitslosigkeit so gering wie seit Jahrzehnten nicht mehr.

Quelle: Welt Online /
https://www.welt.de/wirtschaft/article169508403/Der-deutsche-Arbeitsmarkt-ist-leergefegt.html

Erkenntnisse

- Beruhige Deine Gedanken und schalte Deine Emotionen ab (siehe Kapitel „Mentales Massaker / Erkenntnisse). Je mehr es zu bedenken gibt, desto weniger sollte man darüber nachgrübeln.
- Konzentriere Dich.
- Sammle Fakten.
- Schreibe sie auf und strukturiere sie.
- Lass sie liegen.
- Gehe in den Space* - und/oder schlafe mindestens eine Nacht darüber.
- Entscheide.

*Space ist eine wunderbare Technik, los zu lassen und Neues und Unerwartetes zuzulassen – ohne die Realität aus den Augen zu verlieren.

NETZWERK

Bist Du in einem Netzwerk? Also z.B. XING? Nein?!

Dann hole das schleunigst nach. Melde Dich dort an, verbinde Dich mit jemand, der dort schon länger ist und bereits Kontakte hat. Und dann fang an dort zu surfen, schau Dich um, knüpfe eigene Kontakte. Du wirst dort auch auf Menschen treffen, die Du bereits kennst. Das macht die Sache leichter, tausche Dich mit ihnen aus. Und prüfe die Themen der Gruppen, beteilige Dich dort!

Wie sieht es in Deiner persönlichen Umgebung aus? Wen kennst Du, der einen Job hat, vielleicht ähnlich Deinem? Der sich in Deiner Thematik, Deiner Branche auskennt. Der vielleicht jemand kennt, der wiederum eine/n kennt. Erstelle eine Liste und mache entsprechende Notizen.

Du weißt ja jetzt was Du willst und was Du nicht willst – siehe Kapitel WAS WILLST DU EIGENTLICH. Und bist in der Lage, in einem Satz zu sagen, worum es geht. Wenn Du nachts geweckt wirst, kein Problem... Du weißt, was Du willst. Und kannst dies klar und deutlich in einem Satz beschreiben.

Also fang an zu telefonieren. Nein, E-Mail reicht nicht. Du rufst an und erzählst, was Du vorhast und dann HÖR ZU. Stelle Fragen und HÖR ZU. Du bist jetzt nicht in der Position, wo Du elegante Geschichten aus Deinem Beruf erzählen kannst, hör also zu und finde heraus, was für Dich interessant sein könnte. Wie es in der Branche aussieht, wo es einen Job geben könnte.

Es geht am Ende des Tages darum, das Du nicht auf Anzeigen reagierst oder Dich initiativ irgendwo bewirbst. Die meisten Stellen – es heißt, um die 90 Prozent – werden gar nicht veröffentlicht. Die gehen über private Netzwerke weg. Und das muss man sich aufbauen.

Erkenntnisse

- Melde Dich in einer Business-Online-Plattform an. Als Premium-Mitglied, denn nur so bekommst Du alle notwendigen Funktionen zur Verfügung gestellt. Sonst wird das eher ein Zeitvertreib.
- Erstelle eine Liste Deiner persönlichen Kontakte.
- Fange an, zu kommunizieren.
- Es gibt auch einen veralteten aber schönen Ausdruck für Netzwerk: Stammtisch.
- Und noch ein Tip: Wirf nicht gleich bei jedem Zusammentreffen mit anderen Menschen mit Deinen Visitenkarten um Dich. Komm erst einmal ins Gespräch und dann wirst Du merken, wann es passt.
- Und Jobsuche ist übrigens ein Job:

    o Nicht so mal eben nebenbei
    o Sondern täglich
    o Von 9 bis 13 Uhr
    o Oder länger

VERMITTLER

Am Anfang habe ich das nicht verstanden. In Zeiten des Internets gibt es Vermittler, früher Head-Hunter genannt. Heute auch Recruiter. Wo doch jede Firma per Internet-Jobbörse ein Stellenangebot aufgeben kann, auf das sich dann Interessenten bewerben können. Grenzenlos einfach. Aber dazwischen geschaltet sind nun einmal Vermittler. Sie verdienen entweder einmalig Geld oder kassieren Monat per Monat eine kräftige Marge. Das können 30 % auf Dein Honorar sein.

Nun gibt es gute und schlechte Vermittler. Die Beste war eine junge Frau aus Düsseldorf, die mir sagte, ich brauche keine Akquise mehr, wenn ich sie machen ließe. Ich ließ sie machen. Und sie war gut. Da kam Angebot auf Angebot. Engagiert, freundlich, kompetent. Bestens vernetzt. Klasse kommunikativ. Das Gegenteil habe ich auch kennengelernt. Eine Dame aus Frankfurt, die über eine Stunde mit mir telefonierte und versprach, sich um alles zu kümmern. Als ich eine Woche später nachfragte, wie der Stand der Dinge sei, sagte sie, mein Profil wäre beim

Kunden hochgeladen. Ich verstand zunächst nicht, bis mir klar wurde, dass sie lediglich mit einer Datenbank kommunizierte und noch nicht mal einen Ansprechpartner beim Auftraggeber hatte.

Zu der Kategorie schlecht gehören auch die Anrufer, von denen man nach dem ersten Telefonat nichts mehr hört und natürlich auch die, bei denen gleich klar wird, dass sie das Stellenangebot vom Zettel ablesen und bei Nachfragen keine Antwort geben können.

Erkenntnisse

- Mit Vermittlern arbeiten? Ja. Unbedingt. Sie sind bestens vernetzt und kennen den Markt und die Angebote.
- Vermittler nur als zusätzliches Instrument der Jobsuche einsetzen. Niemals alles und allein auf die Vermittler-Karte setzen.
- Wie unterscheide ich die guten von den schlechten? Schwierig beim Erst-Kontakt. Da hilft nur Erfahrung. Am besten mit jemand sprechen, der sich auskennt und schon mit Vermittlern gearbeitet hat.

DIE ANGST-FLÜSTERER

Deutschmann hatte alles beherzigt, er ging täglich an die frische Luft, lange Spaziergänge. Und tatsächlich, die schwarzen Gedankenwolken verschwanden allmählich, alles um ihn herum sah viel viel bunter aus. Er klatschte in die Hände. „Los jetzt", rief er, „ich greife an." Zu Hause angekommen zeigte ihm seine Frau ein Stellenangebot im Internet: „Ist das nicht Deine Firma, suchen die jetzt jemand für Deine Stelle?" Deutschmann wurde blass. „Das gibt es doch nicht!" Er wurde wütend, also doch, sie hatten ihn mit voller Absicht raus gekickt. Sofort rief er seinen besten Kumpel an. Der blieb cool, klickte durch sein Internet und klärte ihn auf. Das was sie dort suchten, konnte nicht seine Firma sein, die Anforderungen passten nicht, die eingesetzten Tools waren andere. Deutschmann atmete tief durch: „Du hast recht. Ich darf mich nicht verrückt machen lassen."

Erkenntnisse

- Nicht verrückt machen lassen. Deine Umgebung denkt nicht automatisch so wie Du und wird Deinen neuen Weg nicht sofort mitgehen und verstehen.
- Suche Dir kreativ-produktive Gesprächspartner und meide die Schwarzseher.

LEBENSLAUF

Deutschmann hatte seinen Lebenslauf schon länger nicht mehr in der Hand gehabt. Warum auch, er war ja über 10 Jahre in derselben Firma und es hatte nie einen Grund gegeben, sich zu verändern. Oder besser gesagt, er wollte nie weg, denn alles schien perfekt: Nette Kollegen und Kolleginnen, kein Stress, Aufträge genug.

Nun musste er aber und er wurde unsicher.

Und sein Lebenslauf war schlecht, ganz schlecht. Es hagelte Absage auf Absage. Noch nicht mal eine Einladung zum Vorstellungsgespräch war dabei. Was machte er falsch? Er schickte seinen CV an den guten Freund und rief ihn an... der lachte und lachte. „Du bewirbst Dich auf eine Stelle als Sachbearbeiter und in Deinem CV lese ich permanent das Wort Manager. Du bist unglaubwürdig!"

Deutschmann kapierte. Das passte nicht. Und machte sich an die Arbeit, straffte seine Texte und konzentrierte sein Anschreiben auf die angebotene Stelle.

Erkenntnisse

- Lebenslauf und Anschreiben müssen auf die angebotene Stelle passen.

- Das letzte Projekt / der letzte Job sollte beim tabellarischen Lebenslauf an erster Stelle stehen.

- Konzentration auf das, was in den maximal letzten 10 Jahren passiert es (bei längerer Berufserfahrung).

- Beispiel – siehe Anlage Lebenslauf.

- Eine gesonderte Beschreibung von Aufgaben und Projekten bietet sich an, wenn entsprechende Erfahrungen vorliegen, siehe Beispiel.

- Eine gute Idee ist es, dem Leser einen Link anzubieten, über den er alle Informationen abrufen kann.

- Es gibt keine perfekte Bewerbung, da die Ansprechpartner auch nur Menschen sind – mit Vorlieben und Abneigungen.

- Und... manchmal lohnt es sich, einen Schritt zurück zu machen, um dann zwei nach vorn machen zu können.

ANSCHREIBEN

Deutschmann verfasste also ein Anschreiben, er hatte gelernt und verstanden, auch dass es jetzt per E-Mail geht und nicht mehr im dicken Briefumschlag per Post. Zeugnisse können später beim Vorstellungsgespräch mitgebracht werden.

Erkenntnisse

- Fasse Dich kurz und strapaziere nicht die Zeit Deines Lesers.
- Gehe im Anschreiben auf den Job-Anbieter und die Position ein, kreiere einen individuellen Text.
- Beispiel – siehe Anlage Anschreiben.

ABSAGE

Absagen gehören dazu. Deutschmann kapierte auch das und lernte. Alles auf eine Karte zu setzen und ein oder zwei Bewerbungen abzuschicken, führte nur dazu, das er 10-mal am Tag auf sein Handy starrte und auf diese eine Antwort wartete. Das klappte nicht. Er hatte mittlerweile auf allen Jobbörsen im Internet seine E-Mail-Adresse für passende Angebote hinterlegt und bekam täglich automatisch zum Frühstück einen Überblick aller in Frage kommenden Jobs. Wie praktisch! Und da er alles vorbereitet hatte... Lebenslauf als pdf-Datei und das Anschreiben, was er nur dem Angebot entsprechend anpassen musste, ging alles sehr einfach.

Und die Absage wanderte in den Ordner Papierkorb.

Erkenntnisse

- Lieber zehn als eine Bewerbung absenden.
- Lege Dir dazu ganz im Stil einer professionellen Akquise eine Übersicht an – z.B. in Excel – die den jeweiligen Status einer Bewerbung zeigt (Datum der Anzeige / Datum der Bewerbung / Rückmeldung usw. plus E-MailAdresse und Tel.-Nr. des Ansprechpartners).
- Du lernst mit jeder Bewerbung dazu.
- Du wartest nicht auf die eine alles entscheidende Rückmeldung... das macht SEHR nervös.
- Schließlich ist es doch nur ein Job und Dein Leben hängt nicht davon ab, bei diesem einem Unternehmen zu arbeiten.

TELEFONINTERVIEW

Deutschmann hatte einen ersten Vorstellungstermin hinter sich. Er war fast 4 Stunden mit dem Auto unterwegs, das Gespräch hatte eine Stunde gedauert und es war schlecht gewesen. Sein künftiger Abteilungsleiter mit dem zuständigen Manager waren die Gesprächspartner und Deutschmann musste feststellen, dass die gegenseitigen Vorstellungen von dem Job gründlich aneinander vorbeiliefen. Und als dieser Abteilungsleiter die Frage stellte „Sind Sie denn morgens auch pünktlich?" wäre er am liebsten aufgestanden und raus gegangen.

Das war Zeit- und Energieverschwendung!

Erkenntnisse

- Besteh auf einem Telefoninterview vor dem eigentlichen Vorstellungstermin.
- Du bekommst einen ersten Eindruck und kannst abschätzen, ob es passen könnte.
- Fragen lassen sich so im Vorfeld bereits klären.
- Bereite Dich gut vor: Homepage des Unternehmens, aktuelle Aktionen, Projekte und Probleme.
- Lege Deinen Lebenslauf vor Dich hin, denn Du wirst ihn erzählen müssen (sieht ja keiner am Telefon).
- Check noch mal das Stellenangebot und die darin aufgeführten Aufgaben und Voraussetzungen.
- Beim Vorstellungstermin kannst Du Dich dann auf alles Weitere konzentrieren.
- Eine interessante und moderne Alternative ist, per Skype ein erstes Kennenlernen zu arrangieren.

Vorstellungsgespräch

Deutschmann war wieder eingeladen worden, ein Vorstellungsgespräch bei einem mittelständischen Unternehmen. Das Telefoninterview war gut gelaufen, nun kam es auf die persönliche Begegnung an.

Klar – die Kleidung muss passen, der Branche angepasst. Heutzutage gilt ja Sakko, Hemd ohne Krawatte mit dunkler Jeans als Business-tauglich, wie ihm sein Freund versicherte. Besonders in ist es zur Zeit, sein Gegenüber zu spiegeln... also die gleiche Körperhaltung einzunehmen (alte NLP-Übung). Sieht vielleicht komisch aus, ist aber besser, als nervös die Beine übereinander zu schlagen. Und dann war sein Freund auch noch so nett und simulierte mit ihm ein Vorstellungsgespräch:

Das Warm-Up:

Dein Gesprächspartner versucht am Anfang eine Verbindung herzustellen, um ein Gespräch aufzubauen. Nicht maulfaul sein. Aber ihn natürlich auch nicht „zutexten".

„Wie war Ihre Anreise?"

„Ich bin rechtzeitig losgefahren (<u>gut organisiert</u>*), konnte noch in Ruhe eine Rast einlegen (*<u>ohne Stress</u>*) und habe dabei sogar nette Menschen kennengelernt (*<u>kommunikativ</u>*)".*

„Haben Sie den Weg zu uns gut gefunden?

„Klasse Wegbeschreibung (<u>Lob</u>*). Ihre Sekretärin – Frau Jansen – (*<u>Namensgedächtnis</u>*) hatte sie mir ja zugeschickt und ich konnte mich bestens orientieren."*

<u>**Zur Persönlichkeit:**</u>

„Erzählen sie etwas über sich!"

„Ich habe schon immer gern geplant. Ja, das ist wahr... schon als Kind sagten meine Eltern, Du und Deine Pläne...". (<u>Lebendige Geschichten</u>, neudeutsch Storytelling, erzeugen beim Zuhörer Bilder. Und <u>Begeisterung</u> steckt an).

„Wie charakterisieren Sie sich selbst?"

„Mein letzter Personalchef sagte immer, das auf mich Verlass sei." (<u>Verweis auf 3. Person</u> statt mit stereotypen Eigenlob wie Flexibilität und Belastbarkeit zu antworten).

Stärken und Schwächen:

„Was sehen Sie als Ihre Schwächen an?"
„Ich fahre zu schnell Auto" (Charmante Umschreibung für Ungeduld, die ja auch wieder Stärke in Hinblick auf Ziele darstellt. Kein Unternehmer erwartet einen entspannten Buddha in seiner Firma).

„Was sind Ihre Stärken?"

„In meinem letzten Projekt wurde ich immer für die Meetings mit den ganz schwierigen Kunden eingeteilt. Das klappte immer ganz gut, weil ich geduldig und beharrlich Punkt für Punkt durch die Agenda ging und mich nicht provozieren liess"
(Da steckt alles drin, von <u>Geduld</u> über <u>Beharrlichkeit</u> zu <u>Kommunikationsstärke</u> – verpackt als <u>kleine Geschichte</u> – siehe oben <u>Storytelling</u>).

Teamfähigkeit:

„Arbeiten Sie lieber im Team oder allein?"
„Das hängt von den Aufgaben ab. Das Team besteht aus einzelnen Individuen und das macht es stark." (<u>Sowohl als auch </u>ist hier gefragt).

Lebenslauf:

„Schildern Sie uns Ihren bisherigen Werdegang"
„In meinem letzten Projekt / Bei König & Söhne habe ich..." (Von der letzten Aufgabe bis zum Anfang ist am einfachsten – bei zehn Vorstellungsgesprächen wird nur einer erwarten, dass es bei der Schule losgeht. Meist ist das ein älterer Kollege).

Bewerbungsmotiv:

„Warum haben Sie sich bei uns beworben?"
„Mir ist sofort aufgefallen, dass Sie die Fähigkeit zur Koordination internationaler Teams hervorgehoben haben – das finde ich sehr spannend und kann Ihnen mit meinen diesbezüglichen Erfahrungen helfen." (Auf ein oder zwei <u>Kriterien aus der Stellenanzeige</u> eingehen).

Empathie herausfinden

„Laden Sie uns zum Essen ein, wie würden Sie vorgehen?"
„Oh, ich könnte lecker Nudeln kochen, das ist meine Spezialität!"

„Aha.... und Sie wollen nicht wissen, was WIR mögen... was wir vielleicht für Unverträglichkeiten haben?"

Erkenntnisse

- Sei begeistert – von der angebotenen Stelle und Deinen Fähigkeiten, diese auszufüllen.
- Halte Augenkontakt – wandere von Gesicht zu Gesicht, spiegele Dein Gegenüber.
- Mache aus Deinen Antworten kleine Geschichten, flechte Beispiele ein.

EIN NEUER JOB

Deutschmann hatte ihn, den neuen Job. Der Arbeitsplatz war sogar schneller zu erreichen als der alte. Und – das überraschte ihn mehr als alles andere auf diesem Weg – es war ein Job, auf den er sich ziemlich am Anfang dieses endlos scheinenden Prozesses beworben hatte. Sie hatten lange gebraucht, es war alles dabei gewesen, Telefoninterview, Vorstellungsrunde…. UND es war ein Job, den er über den Tipp eines alten Bekannten bekommen hatte. Der hatte ihn, Deutschmann, empfohlen. Und wie er später erfuhr, gab diese Referenz den Ausschlag. Hätte er sich alle Mühe sparen können?

Nein, denn er hatte viel dazu gelernt und am Wichtigsten, er hatte nun viele neue Kontakte, ja, es war so etwas wie ein Netzwerk entstanden. Und das würde er nun pflegen. Denn wer weiß, wann es wieder von vorn losgeht, die Suche nach einem Job.

Erkenntnisse

Es ist gut einen Plan zu haben, aber noch besser, Änderungen zu akzeptieren

ODER

Unverhofft kommt Oft.

ÜBER SELBSTÄNDIGKEIT

Ein paar Anmerkungen zum Thema Selbständigkeit, schließlich bin ich nun schon 25 Jahre lang selbständig - nach 14 Jahren Festanstellung. Daher ein paar Regeln, die Du beachten solltest, wenn für Dich eine Selbständigkeit in Frage kommen könnte:

Regel 1 und dies ohne Wenn und Aber: Du musst in der Lage sein, einen gewissen Zeitraum ohne Einkünfte leben zu können. Ein halbes Jahr – besser noch ein ganzes Jahr – aber mindestens und ganz bestimmt ein halbes Jahr ohne jegliches Einkommen. Auf dem Niveau, das Du gewohnt bist. Ohne jegliche Einschränkungen. Denn wenn Du das nicht kannst, wird das Gespenst der Existenzangst in Deinem Nacken sitzen und dort nicht mehr verschwinden. Denn Du wirst in der Lage sein, und hier kommt Regel 2, in dieser Zeit einen neuen Job zu finden. Ein gesundes, auf Deinen Kompetenzen und Erfahrungen fußendes Selbstbewusstsein ist die zweite Basis Deiner Selbständigkeit.

Regel 1:	**Ohne Einkommen** ein halbes bis zu einem Jahr Dein aktuelles Lebensniveau halten können.
Regel 2:	**Selbstbewusstsein:** Du musst schon wissen, was Du kannst. Und davon überzeugt sein. Letztlich wird keiner Aufträge bekommen, der unsicher und ängstlich erscheint. Wenn Deine Angst vor der Selbständigkeit und vor dem nächsten Akquise-Gespräch zu groß ist, lass es lieber. Und bleibe angestellt. Trau Dich also, selbstbewusst zu sein. Dein Selbstvertrauen wird die Grundlage für alle Erfolge sein und wird dadurch noch weiter wachsen. Seit mutig zur Dir! Vertrau Dir!
Regel 3:	**Rente:** In Gesprächen mit Kollegen und Kolleginnen, die über eine Selbständigkeit nachdenken, geht es gleich am Anfang immer um die Rente. Und meistens spüre ich dann nackte Angst und rate dann von einem Gang in die Selbständigkeit ab. Ja, es ist so, Du musst Dich selber kümmern. Und genau das ist der entscheidende Punkt: Du musst Verantwortung übernehmen. Für Deine Arbeit, für Dein Leben, für Dein tägliches Tun. Das macht nicht mehr der Arbeitgeber, der alles für Dich arrangiert. Nein, Du bist dran. Ohne Wenn und Aber. Tägliche Verantwortung für alles, was um

Dich herum geschieht. Und so wirst Du für Dich ein eigenes Renten-Modell kreieren müssen, z.B. mit Hilfe von Aktien.

Und du solltest wissen, dass Du ganz sicher nicht mit 62 in Rente gehen wirst. Aber das ist möglicherweise auch ohnehin nichts Neues und geht vielen Angestellten auch so. Aber... wenn Du Deinen Job mit Energie und Liebe ausübst... dann willst Du auch nicht mit 62 in Rente gehen.

Regel 4: **Visionen** sind nicht nötig. Vertrauen in Dich selbst ist wichtiger. „Wer Visionen hat, sollte zum Arzt gehen" – eines der berühmtesten Zitate von Helmut Schmidt, dem ehemaligen Bundeskanzler. So weit möchte ich nicht gehen, es ist nicht ganz unwichtig, eine für die eigene Richtung wichtige Zielsetzung zu haben. Worauf basiert die? Siehe oben, im Kapitel WAS WILLST DU EIGENTLICH?, nämlich Fakten, Fakten, Fakten. Der Weg entsteht beim Gehen und wird Dich ganz sicher in Gegenden führen, von denen Du beim Start noch gar nichts wusstest. Ich selber habe meine größten und umsatzstärksten Projekte nicht durch Visionen und Zeit- und Zielmanagement, sondern eher durch - nennen wir es Zufall - bekommen. Diese

Zufälle treten dann ein, wenn Du angefangen hast zu gehen.

Regel 5: **Firmenwagen:** Als ich noch angestellt war, lernte ich einen Typen kennen, der unbedingt mit mir und einem Bekannten von ihm eine Firma gründen wollte. Seine Idee war es, Geräte anzubieten, die unterschiedliche Datenformate austauschen konnten (was damals durchaus immerhin eine Geschäftsidee war). Er war sehr begeistert davon und belagerte mich mit Anrufen und Besuchen.

Fast hätte er mich so rumgekriegt doch ein Punkt machte mich sehr unruhig: In seinem Businessplan tauchte für jeden der 3 Geschäftspartner ein Dienstwagen auf, Mercedes Benz, oberste Klasse. Aha, erst Benz fahren und dann Geld verdienen. Muss es nicht andersherum laufen? Natürlich! Und ich sagte ab. Bitte erst Umsatz und Gewinn machen und dann ein großes Auto fahren.

Regel 6: **Mentale Techniken:** So will ich das mal nennen, werden Dir helfen, den Tag als solches und das Leben als unabhängiger Mensch zu meistern. Ohne Stress und (ab und zu aufkommende) Ängste wird Dein Leben als Selbständiger nicht ablaufen.

Was kannst Du tun? Hilfreich sind alle Techniken rund um Yoga, denn dann tust Du auch Deinem Körper etwas Gutes. Hier wirst Du schon einmal lernen, richtig zu atmen und damit Konzentration und Geduld zu bekommen. Du bändigst die große Unruhe in Dir und lässt den Strom der Aufregung an Dir vorbeiziehen. Es geht dann dabei nicht darum, in ein Wellness-Wohlfühlgefühl abzugleiten, sondern im Gegenteil um eine gelassene Grundspannung. Und wenn Du dann einen Schritt weitergehst, kannst Du Dich mit Techniken wie Space, PC-Muskel u.a. beschäftigen, die Dich dabei unterstützen, kraftvolle Energie aufzubauen, um Deine Arbeit kreativ, produktiv und effizient zu gestalten.

Regel 7: **Scheinselbständigkeit**: Das Thema kenne ich seit Ende der 90iger Jahre. Meine freiberuflichen MitarbeiterInnen wurden damals nervös und waren der Meinung, da sollte etwas geändert werden (ohne zu wissen, was). Leider war es so, dass es bei einigen deutschen Großkonzernen Freiberufler gab, die auf Festanstellung geklagt hatten, nachdem sie dort einige Jahre tätig waren. Vermutlich, um zum Ende ihrer Arbeitsjahre noch ein wenig Rente mitzunehmen. Und dann diese juristischen Kraftakte auch noch gewannen. Ob danach ein harmonisches Arbeitsverhältnis entstand, stelle ich einmal in Frage.

Wenn Du also über einen längeren Zeitraum für eine Firma tätig bist und keine GmbH gegründet hast, könnte das zu Schwierigkeiten führen.

Also besser zwei als einen Auftraggeber haben.
Was sowieso dem eigenen Portemonnaie gut tut.

Regel 8: **Keine Kleinkariertheit**: Da gab es einen jungen Mann, der für mich auch als Freiberufler arbeitete. Klug, kompetent plus einem höflichen Charme ausgestattet, so lernte ich ihn kennen. Als ich dann eines Abends zum Italiener einlud, bekam ich Tage später eine Rechnung. Da hatte er als Reisekosten die 12 Km An- und Abfahrt zum Restaurant angegeben.

Unnötig. Sehr unnötig.

GOOD GUYS ALWAYS MEET TWICE

Ich war 3 Jahre in einem Unternehmen der chemischen Industrie in NRW tätig und wurde von einem Headhunter abgeworben. Die neue Firma hätte mich gerne schon früher eingestellt, als es meine Kündigungszeit zuließ. Also bat ich in meinem Kündigungsschreiben um eine schnelle Auflösung meines Vertrages. 2 Tage später klingelte mein Telefon, die Sekretärin des Abteilungsleiters – er hatte den Titel eines Direktors - rief an: „Blondie, komm hoch, aber am besten ganz schnell, ER will Dich sprechen." SEIN Büro war sehr groß, mindestens 5 Fenster (ich hatte 2) und man musste durch den ganzen Raum auf seinen Schreibtisch zu gehen, hinter dem er thronte. ER stand auf, gab mir die Hand und wies auf seine Besucherecke. Da wurde man stets so platziert, das man in das Licht schauen musste, er saß mit dem Rücken zum Fenster und freute sich über die leicht zugekniffenen Augen seines Gegenübers (ER liebte solche Spiele). Da saß ich also und schaute IHN erwartungsfroh an. ER schwieg. Und schwieg. Und zog an seiner Zigarre (Nein, er pustete mir nicht den Rauch ins Gesicht und ja, diese Geschichte ist schon eine Weile her, damals konnte man noch in den Büros rauchen). Dann sprach er plötzlich: „Sie haben gekündigt." Pause. „Sie wollen eher aus dem Vertrag raus." Pause. „Sie werden ihren Vertrag erfüllen. Und zwar genau so wie in den letzten 3 Jahren. Schönen Tag noch."

Ich hatte verstanden.

3 Jahre später machte ich mich selbständig.

Und diese Firma wurde mein erster Kunde.

Beispiel Anschreiben

Sehr geehrter Herr Müller,

ich bewerbe mich auf Ihr Stellenangebot bei Monster.de vom 01.05.2017.

Projektplanung für Anlagenbauprojekte – auch aus dem Bereich der Windenergie – führe ich seit über 10 Jahren durch.

Aktuell gestalte ich die Planung für ein Kraftwerk in NRW. Progressverfolgung und die Analyse von Terminplanrisiken – wie in Ihrem Angebot gefordert – gehören dabei zu meinen täglichen Aufgabenstellungen. Eine Bereitschaft zu Reisen ist für mich selbstverständlich.

Gern würde ich als Projektplaner auch für die ZYX Management GmbH tätig werden und stehe Ihnen für alle weiteren Fragen und Informationen zur Verfügung!

Mit freundlichen Grüßen nach Düsseldorf,

Klaus-Dieter Deutschmann

Klaus-Dieter Deutschmann
Redelstrasse 17
D-47051 Duisburg
Fon: +49 (0)172 1 23 45 67
E-Mail: deutschmann@xy.com

Beispiel Lebenslauf

Persönliche Daten

Name:	Deutschmann
Vorname:	Klaus-Dieter
Anschrift:	Redelstrasse 17
	D-47051 Duisburg
	E-Mail: kdd@freenet.com
	Fon: +49 - (0) 1 72 / 1 23 45 67
Geburtstag:	29.05.1976
Staatsangehörigkeit:	Deutsch
Familienstand:	geschieden, 2 Kinder

Berufliche Laufbahn

seit 05/2007	Projektplaner bei König & Söhne, Duisburg
04/2006	Buch „Bauplanung mit MS Project / Vieweg-Verlag, Wiesbaden
06/1998 – 04/2007	Sachbearbeiter Project Controls bei Löwen GmbH, Düsseldorf

Besondere Weiterbildungen und Kenntnisse

1998 – heute	Verschiedene Fortbildungen (Groupware Lot Notes, Projektmanagement, MS Project, Primavera, Internet u.a.)
02/2015	Turbo Lesen: BrainTrain, Bonn
08/2014	Business English: IBM, Stuttgart
10/2010	Rhetorik und Kommunikation: Dale Carnegie-Training, Köln

Ausbildung

10/1995 – 05/1998	Studium Betriebswirtschaftslehre, Köln (Dipl
07/1982 – 06/1995	Volksschule und Gymnasium / Herne (Abitur

Berufserfahrung	19 Jahre
Erfahrungs-schwerpunkte	Projektmanagement
Software-Kenntnisse	Primavera MS Project Lotus Notes Domina MS Office
Sprachen	Englisch: Verhandlungssicher Spanisch: Grundkenntnisse
Industriebranchen	Anlagenbau Offshore
Referenzen	König & Söhne Löwen GmbH

Projekthistorie

05/2007 – heute

Terminplanung

<u>Position</u>: Terminplanung
<u>Software</u>: Primavera und MS Project
<u>Projektsprache</u>: Englisch und Deutsch

- Erarbeiten und Präsentieren von Terminplänen gegenüber Projektleitung / -management und Project Steering Team für am Standort auszuführende Projekte kleineren und mittleren Investitionsvolumens
- Ermittlung des Zeitbudgets für Bauvorhaben im Chemieanlagenbau
- Abstimmung mit den Engineering Fachdisziplinen und Baustellenleitern bei der Abschätzung von Budget, Zeitplan und aktuellem Projektfortschritt

06/1998 – 04/2007

Ressourcenplanung

<u>Position</u>: Terminplanung und Coaching
<u>Software</u>: Primavera
<u>Projektsprache</u>: Deutsch und Englisch

Ziel war die integrierte und synchronisierte Termin-, Rollen- und Ressourcenplanung für alle Projekte und Funktionen des Bereiches.

- Überarbeitung und Umstrukturierung der Terminpläne auf Arbeitspakete um eine integriere Kapazitätsplanung zu ermöglichen
- Erstellung und Verknüpfung der Ressourcenvorgänge in Abstimmung mit den Fachabteilungen
- Codierung der Vorgänge nach den Planungsleitlinien
- Rollenzuweisung auf den Kapazitätsvorgängen im Terminplan

ÜBER SPACE

Diese Technik lässt sich leicht einüben und im Alltag anwenden.

Sie wird immer dann angewendet, wenn man bemerkt, „dass mich die Welt zu sehr im Griff hat". Der Blick wird weich, wodurch sofort eine Distanzierung vom situativen Druck entsteht.

„Ah, dann kann ich also während einer Sitzung prima abschalten?" wurde ich gefragt.

Nein, ganz und gar nicht. Im Space ist jede/r völlig in der Situation ohne sich von der Situation vereinnahmen zu lassen.

Dieses weiche Schauen lässt sich mit dem „Magic Eye", dem magischen Auge, vergleichen – zwei Bilder in einem.

ÜBER MICH:

Seit 40 Jahren bin ich in der Wirtschaft tätig, zunächst angestellt in den Bereichen Marketing, IT sowie Human Ressources bei den Firmen Glaxo-Welcome (Hamburg / Burgwedel), Solvay (Hannover / Solingen) und Johnson & Johnson (New Brunswick / Düsseldorf).

Als Freiberufler machte ich mich selbstständig und führte IT-, Projektmanagement- und Führungskräfte-Trainings durch, später gründete ich eine Firma, die sich auf die IT-Thematik Lotus Notes Domino spezialisierte und dazu Schulung, Beratung und Entwicklung in Deutschland, Österreich und der Schweiz durchführte.

Meine aktuellen Schwerpunkte sind zeitlich befristete Aufgaben in Projekt- und Terminplanung sowie Beratung und Coaching.

ZUM SCHLUSS

„Es ist doch nur ein Job" ist der erste Band einer Sammlung von Texten mit teils nützlichen, teils amüsanten Hinweisen aus Beruf und Alltag.

Der zweite Teil mit dem Titel „Das Buch vom Business – wie Du erfolgreich bist, ohne ein Arschloch zu sein" erscheint im Frühjahr 2018. Ein erster Ausblick dazu auf der nächsten Seite.

Weiterführende Links:

www.neues-vom-alltag.de

www.volkerhennings.com

Kontakt:

info@neues-vom-alltag.de

AUSBLICK:

„Das Buch vom Business – wie Du erfolgreich bist, ohne eine Arschloch zu sein"

A wie Arschloch

Als ich ihn kennenlernte, hatte ich nicht sofort gemerkt, dass er ein Arschloch ist. Das war bei einem Seminar im Künstlerdorf Worpswede, wir waren 6 Personen und lauschten einem weisen Mann, der uns die Welt erklärte.

Der fragte das Arschloch: „Was ist los mit Ihnen? Trinken Sie? Spielen Sie? Gehen Sie regelmässig in den Puff? Nein? Aber warum sind Sie so fies? Sie erinnern mich an einen Boxer, der immer austeilen muss. Und sie sehen ja auch aus wie Sven Ottke!"

Ja das stimmte. Er sah aus wie Ottke, der Boxer aus Berlin. Und nun wurde mir klar, warum er morgens beim Frühstück, wenn ich den Tee aus der Kanne einschenkte, immer seine Tasse anhob. So, dass ich die relativ schwere Kanne höher heben musste.

Er konnte nicht anders.

Er war fies. Ins Feuer gefallen statt vom Feuer geküsst.

Was kannst Du machen, wenn Du auf ein Arschloch im Büro, im Alltag, triffst?

Nichts kannst Du machen. Lauf weg. Weit weg.